Anne Wilson

Schokoladen-träume

KÖNEMANN

~ Schokoladen-Zauberei ~

Kochen mit Schokolade ist eine Kunst. Doch wer sie beherrscht, wird süße Komplimente ernten. Mit den folgenden Tips gehören Pannen der Vergangenheit an.

Sortenvielfalt

Bitterschokolade enthält Zucker, Kakaomasse und Kakaobutter. Zartbitterschokolade hat einen höheren Zuckergehalt als echte Bitterschokolade. Wenn Sie für ein Rezept Zartbitterschokolade durch Bitterschokolade ersetzen, geben Sie etwas mehr Zucker zu.

Milchschokolade enthält die gleichen Zutaten wie Zartbitterschokolade, zusätzlich aber Milchpulver.

Weiße Schokolade besteht aus Zucker, Vollmilch oder Vollmilchpulver, Kakaobutter und Aromen. Sie enthält keine Kakaomasse, ist also keine Schokolade im engeren Sinne.

Schokoladenkuvertüre ist besonders hochwertig. Wegen ihres hohen Fettgehalts läßt sie sich leicht schmelzen.

Fettglasur ist preiswerter als Kuvertüre. Sie enthält Pflanzenfette, die bei Zimmertemperatur rasch aushärten. Überzugsmassen, Schokotröpfchen und Flocken (Zartbitter, Vollmilch oder weiß) bestehen aus Fettglasur.

Kakaopulver wird aus den getrockneten Preßrückständen der Kakaomasse gewonnen, es enthält kaum Kakaobutter. Holländischer Kakao ist durch eine spezielle Nachbehandlung dunkler und milder im Geschmack.

Schokolade schmelzen

Schokolade soll gleichmäßig und ohne anzubrennen schmelzen. Blockschokolade wird darum zuerst gehackt oder geraspelt. Auch weiße Schokolade muß fein zerkleinert werden. Verarbeiten Sie flüssige Schokolade zügig, sie härtet rasch wieder aus. Gelangt Wasser oder Dampf in die geschmolzene Schokolade, verklumpt sie und wird unbrauchbar. Manchmal kann man sie durch ein paar Tropfen Speiseöl oder etwas geschmolzenes Pflanzenfett retten. Brennt die Schokolade an, schütten Sie sie weg und beginnen Sie von vorn. Der Schmelzvorgang erfordert vor allem Geduld.

Im Wasserbad

Geben Sie die zerkleinerte Schokolade in eine hitzebeständige Schüssel. Einen Topf zur Hälfte mit Wasser füllen und dieses aufkochen. Dann vom Herd nehmen, die Schüssel mit der Schokolade so hineinhängen, daß die Schüssel den Topfboden nicht berührt. Die Schokolade langsam unter Rühren schmelzen.

In der Mikrowelle
Die zerkleinerte Schokolade in eine mikrowellengeeignete Schüssel geben und in 30-Sekunden-Intervallen bei 300 Watt schmelzen. Beim Schmelzen in der Mikrowelle behält die Schokolade ihre Form. Durch häufiges Rühren prüfen Sie, ob sie gleichmäßig geschmolzen ist. Nicht bei höherer Leistung arbeiten: Die Schokolade brennt sonst leicht an.

Lagerung

In Alu- oder Plastikfolie gewickelt, hält sich Schokolade an einem kühlen, trockenen Ort mehrere Monate lang. Manchmal bildet sich ein weißer Belag auf der Oberfläche, z. B. durch starke Temperaturschwankungen beim Erhitzen oder Einfrieren. Der Belag ist harmlos und wirkt sich nicht auf den Geschmack aus. Auch überalterte Schokolade kann einen Belag entwickeln. Sie schmeckt dann unangenehm trocken und sollte nicht mehr verwendet werden.

TIPS

- Dekorative Schokoladenspäne für Kuchen und Torten lassen sich im Handumdrehen mit einem Sparschäler oder dem Schnitzelwerk der Küchenmaschine herstellen. Verwenden Sie den Einsatz zum Scheibenschneiden.

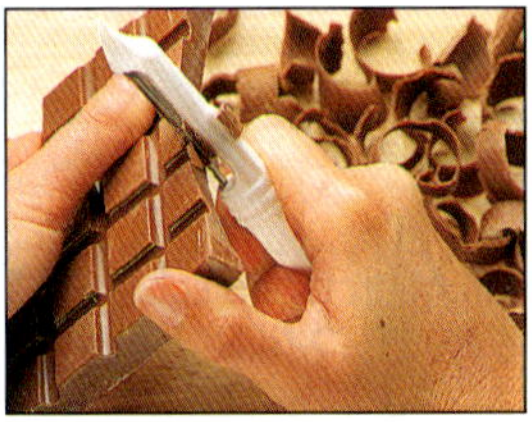

- Für filigrane Dekorationen eignet sich Kuvertüre am besten, weil sie auch bei Zimmertemperatur die Form zuverlässig hält. Auch Fettglasur kann für diesen Zweck verwendet werden.
- Wenn Schokolade zum Glasieren zu dickflüssig ist, rühren Sie etwas geschmolzenes Pflanzenfett oder Speiseöl unter.
- Lebensmittel, die mit Schokolade überzogen werden sollen, dürfen keine Feuchtigkeit ausdünsten, sonst mißlingt die Glasur. Nach dem Eintauchen legen Sie die Stücke auf ein mit Alufolie oder Backpapier abgedecktes Tablett und lassen Sie den Überzug bei Zimmertemperatur aushärten.

Spritzbeutel aus Papier

Aus Backpapier ein 25 cm x 25 cm großes Quadrat zuschneiden und diagonal zu einem Dreieck falten. Die Grundseite des Dreiecks zeigt zu Ihnen. Nun biegen Sie nacheinander

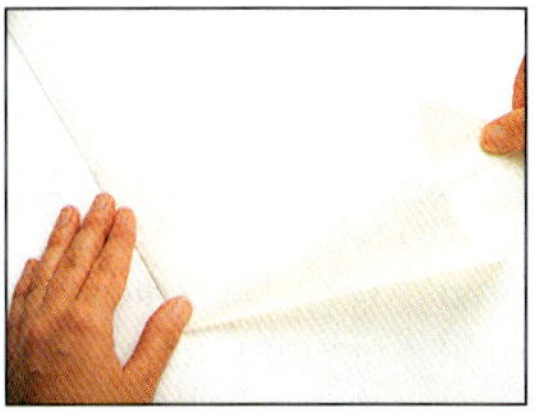

beide Ecken zur oberen Spitze und fixieren sie mit einer Büroklammer. Die überstehenden Spitzen nach innen falten.

Flüssige Schokolade einfüllen und den oberen Rand fest umfalten. Unten eine winzige Spitze abschneiden und die Schokolade behutsam aus der Tüte drücken.

~ Verhüllter Schokokuchen ~

Vorbereitungszeit:
20 Min.
Backzeit:
2 Std.
Ergibt 8 Stücke

250 g Mehl
$2^{1/2}$ TL Backpulver
40 g Kakaopulver
250 g Butter, in kleine Stücke geschnitten
1 EL Speiseöl
200 g Zartbitterschokolade, gehackt
375 g Zucker
1 EL Instant-Kaffeepulver
2 Eier, leicht verquirlt

Glasur
150 g Butter, in kleine Stücke geschnitten
150 g Zartbitterschokolade, geraspelt

1~Den Backofen auf 160 °C vorheizen. Eine Springform (20 cm Ø) mit Backpapier auslegen. Mehl, Backpulver und Kakaopulver in eine Rührschüssel sieben und in die Mitte eine Vertiefung drücken.

2~Butter, Öl, Schokolade, Zucker und Kaffeepulver in einem Topf mit 250 ml Wasser mischen und unter Rühren erhitzen, bis Butter und Schokolade geschmolzen sind und der Zucker gelöst ist. Die Mischung in die Vertiefung in der Mehlmischung gießen und alles gründlich verrühren. Die Eier zugeben, dabei den Teig nicht zu lange schlagen.

3~Die Mischung in die Springform geben und etwa 2 Std. backen. Zur Probe ein Holzstäbchen in den Kuchen stechen: Haftet beim Herausziehen kein Teig daran, ist der Kuchen gar. Den abgekühlten Kuchen auf ein Kuchengitter stürzen.

4~Für die Glasur Butter und Schokolade in einen Topf geben und bei schwacher Hitze unter Rühren schmelzen. Vom Herd nehmen und etwas abkühlen lassen.

5~Die Oberseite des Kuchens geradeschneiden, dann den Kuchen mit dem Boden nach oben auf ein Kuchengitter legen, ein Backblech unterschieben. Die Glasur darüber gießen und an den Seiten herablaufen lassen. Dazu schmeckt Crème fraîche ausgezeichnet.

1 Stück enthält:
8 g Eiweiß; 60 g Fett; 100 g Kohlenhydrate; 2 g Ballaststoffe; 170 mg Cholesterin; 3880 kJ (925 kcal)

Mehl und Kakao in eine große Rührschüssel sieben.

Butter, Öl, Schokolade, Zucker, Instant-Kaffeepulver und Wasser erhitzen.

Die Schokoladenmischung in die Vertiefung in der Mehlmischung geben.

Die Schokoladenglasur über den abgekühlten, gestürzten Kuchen gießen.

~ Mousse au Chocolat ~

Vorbereitungszeit:
20 Min.
+ 2 Std. Kühlzeit
Kochzeit:
5 Min.
Ergibt 4 Portionen

250 g Zartbitterschokolade, gehackt
3 Eier
60 g Zucker
2 TL brauner Rum
250 g Sahne, leicht geschlagen

1~Die Schokolade in eine hitzebeständige Schüssel geben und im Wasserbad erhitzen. Die Schüssel darf den Topfboden nicht berühren. Unter gelegentlichem Rühren die Schokolade schmelzen, dann Schüssel herausnehmen und etwas abkühlen lassen.
2~Mit einem elektrischen Handmixer Eier und Zucker in einer kleinen Schüssel 5 Min. schlagen, bis die Mischung schaumig ist.
3~Die geschmolzene Schokolade und den Rum unterrühren, dann die Mischung in eine große Rührschüssel geben. Mit einem Eßlöffel vorsichtig die Sahne unterheben.
4~Die Mousse auf 4 Dessertgläser mit je 250 ml Volumen verteilen. Für 2 Std. in den Kühlschrank stellen, dann das Dessert mit Schokoladenblättern (S. 55) dekorieren.

1 Portion enthält:
9 g Eiweiß; 50 g Fett; 60 g Kohlenhydrate; 1 g Ballaststoffe; 220 mg Cholesterin; 2900 kJ (685 kcal)

Die Schokolade im Wasserbad unter gelegentlichem Rühren schmelzen.

Eier und Zucker zu einem hellen Schaum schlagen.

Schokolade und Rum unter die Ei-Zucker-Mischung rühren.

Die Mischung in eine große Schüssel geben und die Sahne unterheben.

~ Cookies mit Schokotröpfchen ~

Vorbereitungszeit:
20 Min.
Backzeit:
15 Min.
Ergibt etwa 25 Stück

200 g Mehl
100 g Kakaopulver
350 g feiner brauner Zucker
200 g Butter
150 g Zartbitterschokolade, geraspelt
3 Eier, leicht verquirlt
175 g zartbittere Schokotröpfchen
100 g weiße Schokotröpfchen

1 ~ Den Backofen auf 180 °C vorheizen. Zwei Backbleche mit Backpapier auslegen. Mehl und Kakao in eine Schüssel sieben, den Zucker zugeben.

2 ~ Butter und Schokolade im Wasserbad unter Rühren schmelzen. Zusammen mit den Eiern zur Mehl-Kakao-Mischung geben und alles gründlich verrühren. Schokotröpfchen untermischen.

3 ~ Tischtennisballgroße Kugeln aus dem Teig rollen und auf die Bleche legen. Die Kugeln flach drücken, 15 Min. backen, danach 5 Min. ruhen lassen. Auf einem Kuchengitter abkühlen.

1 Stück enthält:
3 g Eiweiß; 10 g Fett; 30 g Kohlenhydrate; 1 g Ballaststoffe; 40 mg Cholesterin; 830 kJ (200 kcal)

Mehl und Kakaopulver in eine Rührschüssel sieben.

Butter und Schokolade beim Schmelzen mit einem Holzlöffel verrühren.

Die geschmolzene Schokolade zur Mehl-Kakao-Mischung geben.

Tischtennisballgroße Kugeln rollen, auf ein Backblech legen und flach drücken.

~ Schokoladen-Saucen ~

Ob Eiscreme oder Früchte: Diese Saucen machen sogar aus einem einfachen Dessert eine unwiderstehliche süße Versuchung.

Herbe Schokoladen-Sauce

Ergibt 6 Portionen (375 ml)

300 ml Sahne in einem Topf aufkochen, 2 TL Zucker einrühren und über 150 g geraspelte Zartbitterschokolade gießen. 2 Min. ruhen lassen, dann glattrühren. Mit einem Schuß Likör abschmecken und warm servieren.

1 Portion enthält:
2 g Eiweiß; 30 g Fett; 25 g Kohlenhydrate; 0 g Ballaststoffe; 70 mg Cholesterin; 1500 kJ (360 kcal)

Vanille-Haselnuß-Sauce

Ergibt 7 Portionen (430 ml)

Das Mark einer Vanilleschote mit 300 ml Sahne verrühren und aufkochen. Den Topf vom Herd nehmen, etwas abkühlen lassen und sieben. Sahne erneut erhitzen und über 200 g feingehackte weiße Schokolade gießen. 2 Min. ruhen lassen, dann die Mischung glattrühren. 2–3 EL geröstete Haselnußblättchen unterrühren und warm servieren.

1 Portion enthält:
4 g Eiweiß; 30 g Fett; 20 g Kohlenhydrate; 1 g Ballaststoffe; 60 mg Cholesterin; 1440 kJ (340 kcal)

Schoko-Karamel-Sauce

Ergibt 8 Portionen (500 ml)

4 Schokoriegel (z. B. Snickers) fein hacken. 60 ml Milch und 180 ml Sahne mit den Schokoriegel-Stücken bei schwacher Hitze erwärmen, bis Schokolade und Karamelcreme zu schmelzen beginnen. 100 g geraspelte Vollmilchschokolade unter-

Von links nach rechts: Herbe Schokoladen-Sauce, Vanille-Haselnuß-Sauce, Schoko-Karamel-Sauce, Sauce »Choco-latte«, Sauce »Schok-Orange«.

mischen und glattrühren. Auf Zimmertemperatur abkühlen lassen.

1 Portion enthält:
2 g Eiweiß; 15 g Fett; 9 g Kohlenhydrate; 0 g Ballaststoffe; 35 mg Cholesterin; 675 kJ (160 kcal)

Sauce »Choco-latte«

Ergibt 8 Portionen (500 ml)

In einem Topf 100 g Butter, 125 g Zucker, 300 ml Sahne, 40 g Kakaopulver und 2 TL frisch gemahlenen Kaffee mischen und 2 Min. leise köcheln lassen, dann über 100 g geraspelte Zartbitterschokolade gießen. 2 Min. ruhen lassen und danach glattrühren. Warm servieren.

1 Portion enthält:
3 g Eiweiß; 30 g Fett; 30 g Kohlenhydrate; 0 g Ballaststoffe; 80 mg Cholesterin; 1600 kJ (380 kcal)

Sauce »Schok-Orange«

Ergibt 8 Portionen (500 ml)

Von einer unbehandelten Orange 3 breite Streifen Schale (ohne die weiße Innenschale) abtrennen und in einem kleinen Topf mit 125 ml Orangensaft aufkochen. 2 EL Zucker einrühren. 3 Min. kochen lassen, bis die Sauce sirupartig eingedickt ist. Abkühlen lassen, dann die Orangenschale in feine Streifchen schneiden. 200 g geraspelte Vollmilchschokolade in eine Schüssel geben. 300 ml Sahne aufkochen und über die Schokolade gießen. 2 Min. ruhen lassen, dann glattrühren. Den Orangensirup mit Schale untermischen und mit 2 EL Orangenlikör abschmecken. Warm servieren.

1 Portion enthält:
3 g Eiweiß; 25 g Fett; 25 g Kohlenhydrate; 0 g Ballaststoffe; 60 mg Cholesterin; 1290 kJ (305 kcal)

~ Schwarzwälder Kirschtorte ~

Vorbereitungszeit:
45 Min.
Backzeit:
15 Min.
Ergibt 8 Stücke

80 g Mehl
1 TL Backpulver
2 EL Kakaopulver
4 Eier, getrennt
125 g Zucker
60 g Kirschwasser (siehe Hinweis)
900 ml Sahne, geschlagen
700 g Sauerkirschen (Glas oder Dose), gut abgetropft
250 g Zartbitterkuvertüre
Maraschino-Kirschen, zum Dekorieren
Puderzucker, zum Bestäuben

1~Den Backofen auf 180 °C vorheizen. 2 Backformen (20 cm Ø) fetten oder mit Backpapier auslegen. Mehl, Backpulver und Kakaopulver dreimal auf Pergamentpapier sieben.

2~Eiweiß in eine kleine Schüssel geben und mit einem elektrischen Handmixer zu steifem Eischnee schlagen. Den Zucker einrieseln lassen. Dabei weiter schlagen, bis der Zucker völlig aufgelöst ist. Die Eidotter zufügen und weitere 20 Sek. schlagen. Die Masse in eine größere Schüssel umfüllen.

3~Die Mehlmischung in drei Portionen unter die Eimasse heben. Den Teig gleichmäßig auf die Formen verteilen und 15 Min. backen. Der fertige Teig soll auf Druck leicht nachgeben. Die Böden 5 Min. in den Formen abkühlen lassen, dann auf zwei Kuchengitter stürzen. Jeden Boden einmal horizontal durchschneiden oder mit einem Faden halbieren.

4~Die Oberseite eines Bodens mit Kirschwasser beträufeln, eine Schicht Sahne darauf streichen und ein Drittel der Kirschen darauf verteilen. Einen zweiten Boden darauflegen. Wieder mit Kirschwasser beträufeln, Sahne aufstreichen und mit Kirschen belegen. Mit dem dritten Boden wiederholen und die Torte mit dem vierten Boden abdecken. Mit einem Palettenmesser die restliche Sahne rundum verstreichen. Etwas Sahne zum Verzieren zurückbehalten.

5~Mit einem Sparschäler Späne von der Kuvertüre schneiden. Den Rand damit verzieren. Die Oberseite der Torte mit Sahnerosetten, Maraschino-Kirschen und den restlichen Schokoladenspänen verzieren. Zum Schluß mit Puderzucker bestäuben.

1 Stück enthält:
10 g Eiweiß; 60 g Fett; 50 g Kohlenhydrate; 3 g Ballaststoffe; 240 mg Cholesterin; 3265 kJ (780 kcal)

Hinweis~Kirschwasser ist ein hochprozentiger klarer Brand aus Kirschen. Früher wurden Schattenmorellen für die klassische Schwarzwälder Kirschtorte in Zuckersirup gekocht und in Steingutgefäßen eingelegt. Kirschen aus dem Glas eignen sich aber auch. Die Früchte gründlich abtropfen lassen, sonst färben sie die Sahne rosa.

Mit einem großen Messer werden die Tortenböden horizontal halbiert.

Die Böden mit Kirschwasser beträufeln, dann Sahne und Kirschen darauf verteilen.

~ Feine Schokoladentrüffel ~

Vorbereitungszeit:
40 Min.
+ 8 Std. Kühlzeit
Zubereitungszeit:
10 Min.
Ergibt etwa 30 Stück

185 ml stichfeste Sahne (Crème double)
400 g Zartbitterschokolade, geraspelt
70 g Butter, in kleine Stücke geschnitten
2 EL Cointreau
dunkles Kakaopulver, zum Wälzen

1~Die Sahne in einem kleinen Topf aufkochen. Vom Herd nehmen und Schokolade darin unter Rühren schmelzen. Die Butter zufügen und ebenfalls unter Rühren schmelzen. Dann mit Cointreau abschmecken. Die Masse in eine große Schüssel geben und für mindestens 8 Std. oder über Nacht in den Kühlschrank stellen, bis sie sich formen läßt.

2~Mit einem Teelöffel kleine Portionen von der Masse abstechen, zu Kugeln rollen und erneut kalt stellen. Die Trüffel in Kakao wälzen, leicht abklopfen und wieder kühlen.

1 Trüffel enthält:
1 g Eiweiß; 9 g Fett; 9 g Kohlenhydrate; 0 g Ballaststoffe; 15 mg Cholesterin; 500 kJ (120 kcal)

~ Rum-Rosinen-Trüffel ~

Vorbereitungszeit:
30 Min. + Marinierzeit
+ Kühlzeit
Kochzeit:
5 Min.
Ergibt etwa 40 Stück

60 g Rosinen, feingehackt
60 ml Rum
200 g Butterkekse mit Schokoladenglasur, fein zerkleinert
60 g feiner brauner Zucker
1 TL gemahlener Zimt
50 g Pecannüsse, feingehackt
60 ml Sahne
250 g Zartbitterschokolade, geraspelt
90 g heller Sirup
125 g Pecannüsse, feingemahlen

1~Rosinen mit Rum mischen und 1 Std. marinieren. Kekse, Zucker, Zimt und Pecannüsse in einer großen Schüssel gründlich mischen.

2~Sahne, Schokolade und Sirup im Wasserbad schmelzen und über die Trockenzutaten gießen. Gründlich verrühren. Die Masse so lange in den Kühlschrank stellen, bis sie sich formen läßt.

3~Mit einem Teelöffel kleine Portionen abstechen, zu Kugeln rollen und in gemahlenen Pecannüssen wälzen. Erneut in den Kühlschrank stellen.

1 Trüffel enthält:
1 g Eiweiß; 7 g Fett; 10 g Kohlenhydrate; 1 g Ballaststoffe; 3 mg Cholesterin; 470 kJ (110 kcal)

Feine Schokoladentrüffel (oben) und Rum-Rosinen-Trüffel

~ Schoko-Käsekuchen ~

Vorbereitungszeit:
20 Min.
+ 8 Std. Kühlzeit
Koch- und Backzeit:
1 Std. 25 Min.
Ergibt 10 Stücke

125 g einfache Schokoladenkekse
40 g gehackte Mandeln, geröstet
90 g Butter, zerlassen
1 EL feiner brauner Zucker

Für die Füllung:
125 g Zartbitterschokolade, gehackt
500 g Frischkäse, glatt gerührt
120 g feiner brauner Zucker
125 ml Sahne
2 Eier, verquirlt
1 TL geriebene Orangenschale

Für die kandierten Orangenscheiben:
300 g Zucker
2 Orangen, in dünne Scheiben geschnitten
250 ml Sahne, geschlagen

1~Eine Springform (20 cm Ø) fetten und den Boden mit Backpapier auslegen. Kekse und Mandeln im Mixer fein zerkleinern. Mit Butter und Zucker gründlich vermischen. Die Masse fest auf den Boden der Form drücken und zum Festwerden in den Kühlschrank stellen. Den Backofen auf 160 °C vorheizen.

2~Für die Füllung die Schokolade in eine hitzebeständige Schüssel geben. Einen Topf zur Hälfte mit Wasser füllen, aufkochen und vom Herd nehmen. Die Schüssel mit der Schokolade so darüber hängen, daß sie den Topfboden nicht berührt. Ab und zu umrühren, bis die Schokolade geschmolzen ist. Frischkäse und Zucker cremig rühren. Die abgekühlte Schokolade mit Sahne, Eiern und Orangenschale zugeben und verrühren. Die Füllung auf den Boden gießen und glattstreichen. Die Form in den Ofen schieben und 50–55 Min. backen, bis die Füllung fest ist. Den Kuchen in der Form auskühlen lassen, dann über Nacht kalt stellen.

3~Für die kandierten Orangenscheiben 250 g Zucker mit 80 ml Wasser in einem Topf erwärmen, bis der Zukker aufgelöst ist. Dann erst aufkochen, die Hitze reduzieren und die Hälfte der Orangenscheiben in den Sirup geben. 12–15 Min. kochen, bis die Orangenscheiben glasig werden. Aus dem Sirup nehmen und auf einem mit Backpapier belegten Tablett abkühlen lassen. Der Zuckersirup ist durch den ausgetretenen Orangensaft verdünnt worden und kandiert nicht mehr. Darum nun den restlichen Zucker zugeben, auflösen und die zweite Hälfte der Orangenscheiben darin kochen. Ebenfalls auf dem Tablett abkühlen lassen.

4~Den Kuchen mit steifgeschlagener Sahne und kandierten Orangenscheiben verzieren.

1 Stück enthält:
9 g Eiweiß; 50 g Fett; 60 g Kohlenhydrate; 1 g Ballaststoffe; 160 mg Cholesterin; 2940 kJ (700 kcal)

Hinweis~Der Kuchen kann statt mit kandierten Orangenscheiben auch mit frischen Orangenschnitzen verziert werden.

Mit der gewölbten Seite eines Löffels die Keksmasse fest in die Form drücken.

Die Frischkäsefüllung auf den Boden gießen und die Oberfläche glätten.

~ Kleine Schokoladentöpfchen ~

Vorbereitungszeit:
20 Min.
+ 8 Std. Kühlzeit
Backzeit:
45 Min.
Ergibt 8 Portionen

zerlassene Butter, zum Einfetten
170 ml stichfeste Sahne (Crème double)
1/2 Vanilleschote, längs aufgeschnitten
150 g Zartbitter-schokolade, gehackt
80 ml Milch
2 Eidotter
60 g Zucker
geschlagene Sahne und Kakaopulver, zur Dekoration

1~8 Ramequinformen (80 ml Inhalt) mit zerlassener Butter einfetten und in eine ofenfeste Form mit hohem Rand stellen. Den Backofen auf 140 °C vorheizen.

2~Die Sahne mit der Vanilleschote in einem kleinen Topf erwärmen, vom Herd nehmen und ein paar Minuten ziehen lassen.

3~Schokolade und Milch in einem kleinen Topf unter Rühren auf schwacher Hitze erwärmen, bis die Schokolade schmilzt.

4~Die Eidotter in eine Schüssel geben und langsam den Zucker einrühren. Weiterrühren, bis der Zucker aufgelöst ist und die Masse hell und schaumig ist. Das Mark der Vanilleschote herausschaben und in die Sahne geben, die leere Schote wegwerfen. Vanillesahne und geschmolzene Schokolade zu der Eimasse geben und alles gründlich verrühren.

5~Die Ramequinformen etwa zu 2/3 mit der Mischung füllen. In die ofenfeste Form so viel Wasser füllen, daß es etwa bis zur Hälfte der Förmchen reicht. Das Ganze etwa 45 Min. backen. Dabei geht die Masse leicht auf und fühlt sich schaumig an. Die Förmchen aus dem Wasser nehmen und auskühlen lassen. Dann mit Frischhaltefolie bedecken und etwa 8 Std. kühlen. Gut gekühlt mit einem Klecks Sahne und etwas Kakaopulver servieren.

1 Portion enthält:
2 g Eiweiß; 15 g Fett; 25 g Kohlenhydrate; 0 g Ballaststoffe; 75 mg Cholesterin; 1020 kJ (245 kcal)

Hinweis~Beim Backen im Ofen bildet sich auf der Schokoladenmasse eine dünne Haut.

Das Mark aus der Vanilleschote kratzen und die leere Schote wegwerfen.

Die Ramequinförmchen zu 2/3 mit der Schokoladenmasse füllen.

Sachertorte

Vorbereitungszeit:
40 Min
Backzeit:
45 Min.
Ergibt 10 Stücke

125 g Mehl
30 g Kakaopulver
250 g Zucker
100 g Butter
80 g Aprikosenmarmelade
4 Eier, getrennt

Für die Glasur:
170 ml Sahne
200 g Zartbitterschokolade, gehackt
90 g Zucker

1 Den Backofen auf 180 °C vorheizen. Eine Springform (20 cm Ø) mit Backpapier auslegen.

2 Mehl und Kakaopulver in eine große Schüssel sieben. Zucker, Butter und die Hälfte der Marmelade in einem kleinen Topf mischen. Im Wasserbad erwärmen, bis der Zucker gelöst ist. Dann die Masse mit den Eidottern zur Mehl-Kakao-Mischung geben und vorsichtig mischen.

3 Das Eiweiß mit dem elektrischen Handmixer zu steifem Schnee schlagen. Den Eischnee in drei Portionen teilen und diese nach und nach unter den Teig heben. Den Teig in die Form geben und glattstreichen. 40–45 Min. backen. Mit einem Holzstäbchen die Garprobe durchführen. 15 Min. in der Form abkühlen lassen, dann auf ein Kuchengitter stürzen.

4 Für die Glasur Sahne, Schokolade und Zucker unter Rühren im Wasserbad schmelzen.

5 Die Oberseite des Kuchens geradeschneiden. Mit der Unterseite nach oben auf ein Kuchengitter legen und ein Backblech unterschieben. Die restliche Marmelade erwärmen und auf den Kuchen streichen. Dann die Glasur darüber gießen (ein wenig zurückbehalten). Das Kuchengitter leicht aufstoßen, damit sich die Glasur glättet. Die restliche Glasur in einen Papier-Spritzbeutel füllen und »Sacher« auf die Torte schreiben.

1 STÜCK ENTHÄLT:
6 g Eiweiß; 25 g Fett; 60 g Kohlenhydrate; 1 g Ballaststoffe; 120 mg Cholesterin; 1990 kJ (475 kcal)

Zucker, Butter und die Hälfte der Marmelade bei schwacher Hitze erwärmen.

Die Buttermischung und die Eidotter unter die Mehl-Kakao-Mischung rühren.

Den Eischnee mit einem Metallöffel portionsweise unter den Teig heben.

Das Kuchengitter leicht aufstoßen, damit sich die Glasur glättet.

~ Rum-Rosinen-Eiscreme ~

Vorbereitungszeit:
1 Std. + Marinierzeit + Gefrierzeit über Nacht
Kochzeit:
25 Min.
Ergibt 4 Portionen

1 EL Rum
60 g Rosinen, feingehackt
8 Eidotter
125 g Zucker
2 EL Kakaopulver
500 ml Milch
250 ml Sahne
1 Vanilleschote, längs aufgeschnitten
250 g Zartbitterschokolade, geraspelt

1 ~ Rum und Rosinen in einer Schüssel verrühren und 1 Std. marinieren lassen.

2 ~ Die Eidotter in eine mittelgroße, hitzebeständige Schüssel geben, nach und nach den Zukker zugeben und schlagen, bis der Zucker gelöst ist und eine helle schaumige Creme entstanden ist. (Keinen elektrischen Mixer verwenden; er schlägt zu viel Luft unter die Masse.) Das gesiebte Kakaopulver unterrühren.

3 ~ Milch und Sahne mit ausgekratztem Vanillemark und der Schote aufkochen. Vom Herd nehmen und die Vanilleschote entfernen. Die heiße Milch vorsichtig unter die Eidotter-Masse schlagen. Die Schüssel über einen Topf mit kochendem Wasser hängen; die Schüssel darf den Topfboden nicht berühren. Bei schwacher Hitze etwa 20 Min. rühren, bis die Masse am Löffel haftet. Nicht aufkochen! Vom Herd nehmen und die Masse in eine saubere Schüssel gießen. Eine Kastenkuchenform (20 cm lang) ins Tiefkühlfach stellen.

4 ~ Die Schokolade in eine hitzebeständige Schüssel geben. Einen Topf zur Hälfte mit Wasser füllen, aufkochen und vom Herd nehmen. Die Schüssel mit der Schokolade so hineinhängen, daß die Schüssel den Topfboden nicht berührt. Gelegentlich rühren, bis die Schokolade geschmolzen ist. Die warme Schokolade zur noch warmen Eicreme geben, dann die Rum-Rosinen zufügen. Schließlich alles gründlich verrühren und abkühlen lassen. Die Mischung in die vorgekühlte Kastenform geben und ins Tiefkühlfach stellen, bis die Masse beginnt, fest zu werden.

5 ~ Die Eiscreme aus dem Tiefkühlfach nehmen, in eine große Schüssel umfüllen und mit einem elektrischen Mixer cremig aufschlagen. Zurück in die Backform füllen und über Nacht tiefgefrieren. Wenn die Eiscreme sehr fest ist, 15–20 Min. vor dem Servieren in den Kühlschrank stellen.

1 Portion enthält:
15 g Eiweiß; 60 g Fett; 90 g Kohlenhydrate; 2 g Ballaststoffe; 460 mg Cholesterin; 4030 kJ (965 kcal)

Hinweis ~ Das Marinieren der Rosinen geht schneller, wenn Sie Rum und Rosinen in eine mikrowellengeeignete Schüssel geben, abdekken und bei 300 Watt 1 Min. erhitzen. Dann abkühlen lassen.

Variation ~ Die Rum-Rosinen können durch getrocknete Aprikosen ersetzt werden, die in Cognac mariniert werden.

Die Eimasse im Wasserbad rühren, bis sie an einem hölzernen Kochlöffel haftet.

Wenn die Eiscreme fest wird, in einer großen Schüssel cremig aufschlagen.

~ Schoko-Brocken ~

Vorbereitungszeit:
25 Min.
Kochzeit:
10 Min.
Ergibt etwa 40 Stück

125 g zartbittere Schokoladen-Fettglasur
125 g weiße Schokoladen-Fettglasur
125 g gemischte Trockenfrüchte
125 g kandierter Ingwer, gehackt
je 30 g zartbittere und weiße Schokoladentropfen, geschmolzen

1~Die zartbittere Fettglasur in eine hitzebeständige Schüssel geben. Im Wasserbad erwärmen, dabei gelegentlich rühren, bis die Glasur geschmolzen ist. Mit der weißen Fettglasur ebenso verfahren.

2~Die Trockenfrüchte in die zartbittere Fettglasur einrühren, die weiße Fettglasur mit Ingwer mischen.

3~Kleine Häufchen auf mit Alufolie oder Backpapier ausgelegte Bleche setzen und bei Zimmertemperatur aushärten lassen. Mit der geschmolzenen Schokolade verzieren.

1 Stück enthält:
1 g Eiweiß; 2 g Fett; 7 g Kohlenhydrate; 0 g Ballaststoffe; 1 mg Cholesterin; 205 kJ (50 kcal)

~ Mokka-Töpfchen ~

Vorbereitungszeit:
40 Min.
Kochzeit:
10 Min.
Ergibt 20 Stück

200 g zartbittere Schokoladen-Fettglasur
20 Pralinenförmchen
1 EL Sahne
50 g weiße Schokolade, gehackt
1 EL Mokkalikör
20 halbe Kaffeebohnen

1~Die zartbittere Fettglasur in eine hitzebeständige Schüssel geben und unter Rühren im Wasserbad schmelzen. Leicht abkühlen lassen.

2~In jedes Pralinenförmchen einen Teelöffel Fettglasur füllen. Mit einem Pinsel die Innenseite der Förmchen sorgfältig mit der Masse bestreichen. Die Förmchen kopfüber auf ein Kuchengitter stellen, bis die Masse fest ist. Die restliche Schokolade beiseite stellen.

3~Sahne, weiße Schokolade und Mokkalikör in einer hitzebeständigen Schüssel mischen. Im Wasserbad langsam glattrühren. Leicht abkühlen lassen, dann in die vorbereiteten Pralinenförmchen füllen. In jedes Förmchen eine halbe Kaffeebohne drücken.

4~Die restliche zartbittere Fettglasur erneut schmelzen und die Förmchen damit füllen. Leicht aufstoßen, damit sich die Oberfläche glättet. Aushärten lassen.

1 Stück enthält:
1 g Eiweiß; 4 g Fett; 8 g Kohlenhydrate; 0 g Ballaststoffe; 2 mg Cholesterin; 285 kJ (70 kcal)

Schoko-Brocken (oben) und Mokka-Töpfchen

Schoko-Haselnuß-Pudding

Vorbereitungszeit:
25 Min.
Kochzeit:
1 Std. 45 Min.
Ergibt 6 Portionen

125 g zartbittere Schokolade, gehackt
100 g Butter
90 g Zucker
2 EL Marsala
4 Eier, getrennt
60 g Mehl
80 g gemahlene Haselnüsse
40 g Semmelbrösel
60 g Zucker zusätzlich
Puderzucker, zum Bestäuben

Für die Mascarpone-Creme:
150 g Zartbitterschokolade, gehackt
250 g Mascarpone, zimmerwarm
2 EL Marsala

1 Eine 1,5-Liter-Puddingform fetten. Dann ein großes Stück Alufolie fetten, Backpapier auf die gefettete Seite legen. In der Mitte beide Lagen mit einer eingeknifften Falte fixieren.

2 Die Schokolade in eine hitzebeständige Schüssel geben und unter Rühren im Wasserbad schmelzen.

3 Butter, Zucker und Marsala mit dem elektrischen Handmixer zu einer hellen Creme schlagen. Die Eidotter einzeln zufügen, jedes sorgfältig unterschlagen. Dann die Schokolade einrühren. Mehl, Nüsse und Semmelbrösel mit einem Metallöffel unterheben.

4 Das Eiweiß mit dem elektrischen Handmixer steif schlagen. Den zusätzlichen Zucker löffelweise zufügen, jede Portion verrühren, bis sie aufgelöst ist. Weiterschlagen, bis die Masse steif ist. 1 EL Eischnee mit einem großen Metallöffel unter die Schokoladenmasse rühren. Den restlichen Eischnee leicht unterheben.

5 Die Mischung in die Puddingform füllen und mit der vorbereiteten Folie (Papier nach unten) abdecken. Den Deckel aufsetzen und festklammern. Wenn kein Deckel vorhanden ist, befestigen Sie die Folie mit einem Bindfaden. Ein doppelter Bindfaden, beidseitig an der umlaufenden Schnur befestigt, dient dann als Griff.

6 Die Puddingform auf eine umgedrehte Untertasse in einen großen Topf stellen. Seitlich so viel kochendes Wasser zugießen, bis die Puddingform zur Hälfte eingetaucht ist. Aufkochen, dann die Hitze reduzieren und 1 Std. 45 Min. ziehen lassen. Zum Schluß eine Garprobe durchführen: Der Pudding ist gar, wenn an einem eingestochenen Holzstäbchen beim Herausziehen kein Teig haftet. 5 Min. abkühlen lassen, dann stürzen und mit Puderzucker bestäuben. Mit Mascarpone-Creme servieren.

7 Für die Mascarpone-Creme die Schokolade ebenfalls im Wasserbad schmelzen und leicht abkühlen lassen. Den Mascarpone mit einem Löffel oder Schneebesen glattrühren, dabei den Marsala und die Schokolade zufügen.

1 Portion enthält:
15 g Eiweiß; 50 g Fett; 100 g Kohlenhydrate; 3 g Ballaststoffe; 165 mg Cholesterin; 3760 kJ (900 kcal)

Den Eischnee mit einem Metalllöffel unter die Schokoladenmischung heben.

Alufolie und Backpapier in der Mitte fixieren und Puddingform damit abdecken.

~ Schweizer Biskuitrolle ~

Vorbereitungszeit:
25 Min.
+ 30 Min. Kühlzeit
Backzeit:
12 Min.
Ergibt 8 Stücke

3 Eier
125 g Zucker
30 g Mehl
2 EL Kakaopulver
250 ml Sahne
1 EL Puderzucker
1/2 TL Vanilleessenz

1 ~ Den Backofen auf 200 °C vorheizen. Bei einem Umluftherd ist ein Vorheizen nicht erforderlich. Eine rechteckige Backform (23 cm x 30 cm) einfetten und den Boden mit Backpapier auslegen. Eier mit 90 g Zucker in eine kleine Schüssel geben und mit dem elektrischen Handmixer in etwa 8 Min. zu einer dicken Creme schlagen.

2 ~ Mehl und Kakaopulver sieben und mit einem Metalllöffel unter die Eimasse heben. Hierfür keinen Handmixer verwenden. Den Teig in die vorbereitete Form geben und glattstreichen.

3 ~ 12 Min. backen, bis der Teig gerade eben fest ist. Inzwischen ein sauberes Geschirrtuch auf die Arbeitsfläche legen, mit Backpapier abdecken und mit dem restlichen Zucker bestreuen. Den fertigen Teig sofort auf das vorbereitete Papier stürzen und durch Hochziehen des Geschirrtuchs von der Breitseite her samt Backpapier (!) vorsichtig aufrollen. Die Teigrolle 5 Min. auf einem Kuchengitter etwas abkühlen lassen, dann vorsichtig wieder ausbreiten und ganz abkühlen lassen.

4 ~ Sahne mit Puderzucker und Vanilleessenz steif schlagen und auf die Teigplatte streichen. Ringsum einen 1 cm breiten Rand frei lassen. Durch Hochziehen des Papiers den Teig wieder aufrollen, nun aber ohne Papier. Die Rolle mit der Naht nach unten auf eine Platte legen und abgedeckt für 30 Min. in den Kühlschrank stellen. Mit Puderzucker bestäuben und vor dem Servieren in Scheiben schneiden.

1 Portion enthält:
4 g Eiweiß; 15 g Fett; 20 g Kohlenhydrate; 0 g Ballaststoffe; 110 mg Cholesterin; 1025 kJ (245 kcal)

Eier und Zucker zu einer dicken, hellen Creme aufschlagen.

Das gesiebte Mehl mit dem Kakaopulver vorsichtig unter die Eimasse heben.

Schoko-Bananen-Shake

Ergibt 1 Portion

2 Kugeln Schokoladeneis, 1 kleingeschnittene Banane und 125 ml kalte Milch im Mixer cremig verrühren. Den Rand eines hohen Glases in Eiweiß, dann in Raspelschokolade tauchen. Den Shake einfüllen.

1 Portion enthält: 10 g Eiweiß; 15 g Fett; 45 g Kohlenhydrate; 3 g Ballaststoffe; 30 mg Cholesterin; 1430 kJ (340 kcal)

Heiße Schokolade

Ergibt 1 Portion

250 ml Milch in einem Topf erhitzen. 1½ EL Trinkschokoladen-Pulver einrühren. 2 Marshmallows in einen hohen Becher geben, die heiße Schokolade eingießen und mit Schokoladenflocken bestreuen.

1 Portion enthält: 10 g Eiweiß; 10 g Fett; 35 g Kohlenhydrate; 0 g Ballaststoffe; 35 mg Cholesterin; 1290 kJ (305 kcal)

Orangen-Schoko-Cocktail

Ergibt 1 Portion

125 ml Milch, 60 g Zucker und 1½ EL Trinkschokoladen-Pulver in einem Topf unter Rühren erwärmen, bis der Zucker gelöst ist. Abkühlen lassen, dann 125 ml Sahne und 2 EL Orangenlikör einrühren. Gekühlt servieren.

1 Portion enthält: 4 g Eiweiß; 30 g Fett; 55 g Kohlenhydrate; 0 g Ballaststoffe; 95 mg Cholesterin; 2200 kJ (525 kcal)

Den Teig auf das vorbereitete Papier stürzen und von der Breitseite her aufrollen.

Die Sahne auf den Biskuit streichen, dann mit Hilfe des Papiers erneut aufrollen.

~ Tolle Schoko-Drinks ~

Die Azteken genossen Schokolade als bitter-scharfes, ungesüßtes Getränk. Auch heute sind Schoko-Drinks beliebt – allerdings sind die Geschmacksnuancen viel raffinierter geworden.

Geeister Erdbeer-Schoko-Traum

Ergibt 1 Portion

50 g geriebene Zartbitterschokolade und 60 ml Milch im Wasserbad erwärmen, bis die Schokolade geschmolzen ist. Weitere 125 ml Milch einrühren und kalt stellen. 60 g Erdbeeren im Mixer pürieren, eine große Kugel Vanilleeis zugeben und die Schokomilch zugießen. Kräftig durchmixen.

1 Portion enthält:
10 g Eiweiß; 25 g Fett; 50 g Kohlenhydrate; 2 g Ballaststoffe; 30 mg Cholesterin; 1915 kJ (460 kcal)

Mokka-Creme-Shake

Ergibt 1 Portion

2 EL dickflüssige Schokoladensauce, 2 Kugeln Schokoladeneis, 60 ml starken, kalten Kaffee und 60 ml kalte Milch im Mixer verquirlen. Ist der Shake zu dickflüssig, etwas Milch zufügen. Eiskalt mit einem Klecks Schlagsahne und Schokoladenflocken servieren.

1 Portion enthält:
5 g Eiweiß; 15 g Fett; 35 g Kohlenhydrate; 0 g Ballaststoffe; 50 mg Cholesterin; 1210 kJ (290 kcal)

Eisschokolade

Ergibt 1 Portion

2 EL dickflüssige Schokoladensauce in ein Glas geben und schwenken. Das Glas zu 2/3 mit kalter Milch füllen. Eine Kugel Vanilleeis und einen Klecks Sahne darauf setzen und mit Trinkschokoladen-Pu[lver] bestäuben.

1 Portion enth[ält:]
8 g Eiweiß; 20 g F[ett;] Kohlenhydrate; [...] stoffe; 60 mg [...] 1370 kJ (33[0 kcal)]

Von links im Uhrzeigersinn: Geeister Erdbeer-Schoko-Traum, Mokka-Creme-Shake, Eisschokolade, Schoko-Bananen-Shake, Heiße Schokolade, Orangen-Schoko-Cocktail

~ Kokos-Karamel-Schnitten ~

Vorbereitungszeit: 30 Min. + Kühlzeit
Back-/Kochzeit: 40 Min.
Ergibt 18 Streifen

Für den Kokos-Boden:
125 g Mehl
1 TL Backpulver
90 g Kokosraspel
125 g Zucker
125 g Butter, zerlassen

Für die Karamelcreme:
20 g Butter
2 EL heller Sirup
400 g gezuckerte Kondensmilch

Für den Schokoladenguß:
150 g Zartbitterschokolade, geraspelt
20 g Pflanzenfett (z. B. Palmin)

1. Den Backofen auf 180 °C vorheizen. Eine 18 cm x 28 cm große, flache Kastenform mit Backpapier auslegen.

2. Für den Kokos-Boden Mehl, Backpulver, Kokosraspel und Zucker vermischen. Die Butter einrühren und die Mischung fest in die Form drücken. In 15–20 Min. goldbraun backen. Mit der Rückseite eines Löffels den Boden vorsichtig glätten. Abkühlen lassen.

3. Für die Karamelcreme Butter, Sirup und Kondensmilch in einem kleinen Topf unter Rühren 5–10 Min. erwärmen, bis die Mischung karamelisiert. Sofort auf den Boden gießen und glattstreichen. 10 Min. backen, dann abkühlen lassen.

4. Für die Glasur Schokolade und Pflanzenfett in eine hitzefeste Schüssel geben. Einen Topf zur Hälfte mit Wasser füllen, aufkochen und vom Herd nehmen. Die Schüssel mit der Schokolade so darüberhängen, daß die Schüssel den Topfboden nicht berührt. Unter Rühren die Schokolade schmelzen, dann mit einem Palettenmesser auf der Karamelcreme verstreichen. Den Kuchen aus der Form nehmen und mit einem trockenen, vorgewärmten Messer in Stücke schneiden.

1 Portion enthält:
3 g Eiweiß; 15 g Fett; 30 g Kohlenhydrate; 1 g Ballaststoffe; 30 mg Cholesterin; 1150 kJ (275 kcal)

Den vorgebackenen Boden mit der Rückseite eines Löffels vorsichtig glätten.

Bu...

Die Schokolade mit dem Pflanzenfett im Wasserbad schmelzen.

Die Schokolade mit einem Palettenmesser auf der Karamelcreme verteilen.

~ Schoko-Minz-Taler ~

Vorbereitungszeit:
40 Min. + Kühlzeit
Backzeit:
10 Min.
Ergibt etwa 40 Stück

65 g Butter
60 g Zucker
100 g Mehl
1 TL Backpulver
2 EL Kakaopulver
2 EL Milch

Für die Pfefferminzcreme:
1 Eiweiß
220 g Puderzucker
2–3 Tropfen Pfefferminzaroma oder -öl

Für die Schokoglasur:
150 g Zartbitterschokolade, geraspelt
150 g dunkle Schokoladen-Fettglasur

1~Den Backofen auf 180 °C vorheizen. 2 Backbleche mit Backpapier auslegen. Butter und Zucker mit dem Handmixer in einer kleinen Schüssel schaumig schlagen. In eine mittelgroße Schüssel umfüllen. Mehl, Backpulver und Kakaopulver sieben und abwechselnd mit der Milch zugeben. Den Teig mit einem Messer durchmischen, auf die Arbeitsfläche kippen und zu einer Kugel kneten.

2~Den Teig halbieren. Jede Portion zwischen 2 Bögen Backpapier 2 mm dick ausrollen. Die Teigplatten mit dem Papier auf Backbleche ziehen und 10–15 Min. kalt stellen. Mit einer glatten runden Ausstechform kleine Plätzchen ausstechen. Teigreste verkneten, erneut ausrollen und ausstechen. Die Plätzchen mit etwas Abstand auf ein Backblech setzen und 10 Min. backen. Auf einem Kuchengitter vollständig auskühlen lassen.

3~Für die Pfefferminzcreme das Eiweiß in eine kleine Schüssel geben. Mit dem Handmixer auf niedriger Stufe gut mischen und immer wieder je 2 EL Puderzucker unterrühren. So viel Puderzucker zufügen, daß ein weicher Teig entsteht.

4~Den Teig auf eine mit Puderzucker bestreute Arbeitsfläche geben. So lange Puderzucker unterkneten, bis der Teig nicht mehr klebt. Zum Schluß das Pfefferminzaroma oder -öl zugeben.

5~Je einen Teelöffel voll Pfefferminzcreme zu einer Kugel rollen und flach drücken. Zwischen zwei Schokoplätzchen legen und vorsichtig zusammendrücken, damit sich die Creme bis zum Rand verteilt. Alle Plätzchen auf diese Weise füllen, dabei die Minzcreme zwischendurch stets abdecken.

6~Für die Glasur die Schokolade und die Fettglasur in eine hitzebeständige Schüssel geben und im Wasserbad unter Rühren schmelzen. Die Schüssel darf dabei nicht den Topfboden berühren. Die Glasur leicht abkühlen lassen. Je ein Plätzchen auf eine Gabel legen, ganz in die Glasur tauchen und etwas abtropfen lassen. Auf einem mit Backpapier ausgelegten Blech aushärten lassen.

1 Stück enthält:
1 g Eiweiß; 4 g Fett; 15 g Kohlenhydrate; 0 g Ballaststoffe; 4 mg Cholesterin; 375 kJ (90 kcal)

Zwei Plätzchen so aufeinanderdrücken, daß die Füllung sich bis zum Rand verteilt.

Die Plätzchen auf eine Gabel legen und in die Schokoladenglasur tauchen.

~ Haselnuß-Schokoladen-Torte ~

Vorbereitungszeit:
1 Std.
+ Kühlzeit über Nacht
Backzeit:
1 Std.
Ergibt 12 Stücke

500 g Zartbitterschokolade, gehackt
6 Eier
2 EL Nußlikör (siehe Hinweis)
150 g Haselnüsse, gemahlen
250 ml Sahne, geschlagen
12 ganze Haselnüsse

Für die Schokoladenglasur:
200 g Zartbitterschokolade, gehackt
185 ml Sahne
1 EL Nußlikör

1~Den Backofen auf 150 °C vorheizen. Eine Springform (20 cm Ø) fetten oder mit Backpapier auslegen.

2~Die Schokolade in eine hitzebeständige Schüssel geben und im Wasserbad schmelzen. Die Schüssel darf den Topfboden nicht berühren. Unter Rühren die Schokolade schmelzen.

3~Die Eier in eine große hitzefeste Schüssel geben und den Nußlikör zufügen. Die Schüssel über einen Topf mit leicht siedendem Wasser hängen, so daß der Boden das Wasser nicht berührt. Mit dem Handmixer auf höchster Stufe 7 Min. lang schaumig schlagen, und dann vom Herd nehmen.

4~Mit einem Metalllöffel geschmolzene Schokolade und Nüsse zügig unter die Eimasse heben. Die Sahne unterheben, dann den Teig in die vorbereitete Springform füllen. Die Springform in eine Fettpfanne stellen und so viel kochendes Wasser zugießen, daß die Form zur Hälfte eingetaucht ist.

5~1 Std. backen, dann die Form aus dem Wasserbad nehmen. Auf Zimmertemperatur abkühlen lassen, in Klarsichtfolie wickeln und über Nacht kalt stellen.

6~Aus Pappe einen Kreis mit 17 cm Ø zuschneiden. Den gekühlten Kuchen auf die Pappscheibe stürzen, so daß der Boden nun nach oben zeigt. Ein Kuchengitter auf ein Backblech stellen, den Kuchen daraufsetzen und das Backpapier abziehen. Wenn der Kuchen zimmerwarm ist, wird er glasiert.

7~Für die Glasur Schokolade, Sahne und Nußlikör in einem kleinen Topf bei geringer Hitze erwärmen. Unter ständigem Rühren die Schokolade langsam schmelzen.

8~Die Glasur in die Mitte des Kuchens gießen, dann das Kuchengitter leicht neigen und drehen, damit sich der Guß gleichmäßig verteilt. Leicht aufstoßen, so daß die Glasur sich glättet und an allen Seiten herabläuft. Eventuell mit einem Palettenmesser nachhelfen. Die Nüsse wie auf dem großen Bild anordnen. Den Kuchen kalt stellen, bis die Glasur fest ist. Auf einen Kuchenteller stellen und in Stücke schneiden.

1 Stück enthält:
9 g Eiweiß; 50 g Fett; 50 g Kohlenhydrate; 1 g Ballaststoffe; 180 mg Cholesterin; 2650 kJ (630 kcal)

Hinweis~Statt Nußlikör kann man auch Rum, Cognac oder Whisky verwenden.

Schokolade und Nüsse zügig unter die Eimasse heben.

Schokolade, Sahne und Nußlikör unter Rühren bei geringer Hitze glattrühren.

~ Feine Schokoladen-Muffins ~

Vorbereitungszeit:
25 Min.
Backzeit:
15 Min.
Ergibt 12 Stück

300 g Mehl
3 TL Backpulver
1 TL Kakaopulver
200 g Zartbitterschokolade, gehackt
150 g Butter, in kleine Stücke geschnitten
150 g feiner brauner Zucker
125 ml Milch
3 Eier, verquirlt
Schokoladenlocken, zum Dekorieren
Puderzucker, zum Bestäuben

Für die Schokoglasur:
125 g Puderzucker
30 g Kakaopulver
50 g weiche Butter
2 EL Milch

1 ~ Den Backofen auf 200 °C vorheizen. (Ein Umluftherd braucht nicht vorgeheizt zu werden.)Eine Form für 12 Muffins fetten. Mehl, Backpulver und Kakaopulver in eine große Rührschüssel sieben.

2 ~ Schokolade und Butter in einem kleinen Topf mischen und bei milder Hitze unter Rühren schmelzen. Den braunen Zucker einrühren.

3 ~ Die Schokoladenmischung, Milch und Eier zu den Trockenzutaten geben und mit einem großen Metalllöffel zügig mischen. Nicht zu stark rühren: Der Teig soll noch leicht flockig aussehen. Jede Vertiefung der Muffin-Form zu 3/4 mit dem Teig füllen, dann 12–15 Min. backen. Ein Holzstäbchen in die Mitte stechen. Haftet beim Herausziehen kein Teig daran, sind die Muffins gar. 5 Min. ruhen lassen, danach auf ein Kuchengitter stürzen.

4 ~ Für die Glasur Puderzucker und Kakaopulver in eine Schüssel sieben. Mit der weichen Butter und etwas Milch zu einer dicken, glatten Creme verrühren. Die Creme auf die Muffins streichen, mit Schokoladenlocken verzieren und erst vor dem Servieren mit etwas Puderzucker bestäuben.

1 Stück enthält:
6 g Eiweiß; 20 g Fett; 50 g Kohlenhydrate; 1 g Ballaststoffe; 90 mg Cholesterin; 1740 kJ (415 kcal)

Schokolade und Butter unter Rühren bei geringer Hitze schmelzen.

Die Schokoladenmischung mit den Trockenzutaten, Milch und Eiern verrühren.

~ Schokoladen-Bavaroise ~

Vorbereitungszeit:
30 Min. + Kühlzeit
Kochzeit:
5 Min.
Ergibt 6 Portionen

200 g Zartbitterschokolade, gehackt	**90 g Zucker**
375 ml Milch	**1 EL Gelatine, gemahlen**
4 Eidotter	**300 ml Sahne**

1~Schokolade und Milch im Wasserbad unter Rühren erwärmen, bis die Schokolade geschmolzen ist und die Milch gerade zu kochen beginnt. Vom Herd nehmen.
2~Eidotter und Zucker mit dem Handmixer zu einer dicken Creme aufschlagen. Schokomilch zufügen und gründlich verrühren.
3~Die Gelatine in 2 EL Wasser einweichen. Im Wasserbad unter Rühren auflösen, dann in die Schokoladenmischung einrühren.
4~Die Mischung kalt stellen; gelegentlich umrühren. Bevor sie fest wird, die halbsteif geschlagene Sahne unter die Creme heben. Auf 6 Portionsgläser verteilen und einige Stunden (oder über Nacht) kalt stellen.

1 Portion enthält:
8 g Eiweiß; 40 g Fett; 40 g Kohlenhydrate; 0 g Ballaststoffe; 195 mg Cholesterin; 2140 kJ (510 kcal)

Schokolade und Milch erhitzen, bis die Milch zu kochen beginnt.

Eidotter und Zucker zu einer dicken Creme aufschlagen.

Die Gelatine einweichen und im Wasserbad unter Rühren auflösen.

Die halbsteif geschlagene Sahne nach und nach unter die Schokoladencreme heben.

~ Kopfsteinpflaster ~

Vorbereitungszeit:
20 Min. + Kühlzeit
Kochzeit:
5 Min.
Ergibt etwa 30 Stück

250 g rosafarbene und weiße Marshmallows (halbiert)
100 g kandierte Kirschen, halbiert
150 g ungesalzene Erdnüsse, grob gehackt
60 g Kokosraspel
350 g Zartbitterschokolade, gehackt

1 ~ Eine quadratische Form (20 cm x 20 cm) mit Alufolie auskleiden. Marshmallows, Kirschen, Erdnüsse und Kokosraspel in eine Schüssel geben und gründlich mischen.
2 ~ Die Schokolade in eine hitzebeständige Schüssel geben und im Wasserbad unter Rühren schmelzen. Die Schüssel darf den Topfboden nicht berühren.
3 ~ Die Schokolade über die vermischten trockenen Zutaten gießen und alles verrühren. Die Schokoladenmasse in die Form füllen und mit einem Löffelrücken andrücken. Für einige Stunden kühlen. Behutsam aus der Form nehmen und in kleine Würfel schneiden. In einem luftdicht schließenden Behälter im Kühlschrank aufbewahren.

1 Stück enthält:
2 g Eiweiß; 6 g Fett; 8 g Kohlenhydrate; 1 g Ballaststoffe; 0 mg Cholesterin; 435 kJ (215 kcal)

~ Schoko-Mallows ~

Vorbereitungszeit:
20 Min.
+ Kühlzeit über Nacht
Kochzeit:
10 Min.
Ergibt etwa 40 Stück

70 g Butter, in kleine Stücke geschnitten
150 g Zartbitterschokolade, gehackt
250 g weiße Marshmallows
1 TL Vanilleessenz
50 g Vollmilchschokolade, geschmolzen

1 ~ Eine Kastenform (8 cm x 26 cm) mit Alufolie auskleiden. Butter, Schokolade und Marshmallows in einen Topf geben und bei milder Hitze unter Rühren erwärmen, bis Schokolade und Marshmallows geschmolzen sind. Vom Herd nehmen und Vanilleessenz einrühren.
2 ~ Die Masse in die Form gießen und einige Stunden oder über Nacht kalt stellen. Aus der Form nehmen und die Folie abziehen. In 2 cm breite Streifen schneiden, dann jeden Streifen in 3 Stücke teilen. Mit Linien aus flüssiger Vollmilchschokolade verzieren.

1 Stück enthält:
0 g Eiweiß; 3 g Fett; 3 g Kohlehydrate; 0 g Ballaststoffe; 5 mg Cholesterin; 180 kJ (125 kcal)

Kopfsteinpflaster (oben) und Schoko-Mallows

~ Orangen-Schokoladen-Torte ~

Vorbereitungszeit:
45 Min.
+ 20 Min. Kühlzeit
Koch- und Backzeit:
45 Min.
Ergibt 6 Stücke

60 g Mehl
2 EL Reismehl
50 g Mandeln, gemahlen
1 EL Zucker
90 g Butter, in kleine Stücke geschnitten
1 Eidotter
steif geschlagene Sahne, zum Dekorieren

Für die Füllung:
100 g Zartbitterschokolade, gehackt
125 g Vollmilchschokolade, gehackt
1 TL geriebene Orangenschale
2 EL Orangensaft
200 ml Sahne
2 Eier
2 Eidotter, verquirlt

Für die kandierte Orangenschale:
90 g Zucker
Schale von 3 Orangen, in Zesten

1~Den Backofen auf 180 °C vorheizen. Eine Tortenbodenform (22 cm Ø) fetten. Mehl, Reismehl, Mandeln, Zucker und Butterflöckchen in eine große Schüssel geben und zu einer krümeligen Masse verarbeiten. Eidotter und 2–3 EL Wasser zugeben, so daß sich der Teig zu einer Kugel formen läßt. Den Teig zwischen 2 Lagen Backpapier ausrollen. Formboden und -rand damit auslegen. 20 Min. kalt stellen, dann den Rand mit einem Messer geradeschneiden.

2~Ein rundes Stück Pergamentpapier in der Größe der Form zuschneiden, auf den Teig legen und mit getrockneten Erbsen bedecken. 15 Min. blindbacken, dann Erbsen und Papier entfernen. Weitere 5 Min. backen.

3~Für die Füllung die beiden Schokoladen in eine hitzebeständige Schüssel geben und im Wasserbad unter Rühren schmelzen. Die Schüssel darf den Topfboden nicht berühren. Dann die Schüssel vom Topf nehmen. Orangenschale und -saft, Sahne, Eier und Eidotter kräftig verrühren. Nach und nach unter ständigem Rühren die Sahne-Ei-Masse zur Schokolade geben. Auf den Teigboden gießen und 20–25 Min. backen, bis die Füllung beginnt, fest zu werden. (Beim Abkühlen festigt sie sich weiter.)

4~Für die kandierte Orangenschale den Zucker mit 2 EL Wasser in einen Topf geben und unter Rühren langsam erwärmen, bis der Zucker gelöst ist. Die Orangenschale zugeben, aufkochen. Dann die Hitze reduzieren und 5 Min. köcheln lassen. Rühren, bis die Mischung kristallisiert. Die Orangenschale aus dem Sirup nehmen und auf Backpapier abkühlen lassen. Kristallisiert der Zucker nicht, muß während des Kochens weiterer Zucker zugefügt werden.

5~Mit dicken Sahnetupfen und kandierter Orangenschale dekorieren.

1 STÜCK ENTHÄLT:
10 g Eiweiß; 45 g Fett; 60 g Kohlenhydrate; 2 g Ballaststoffe; 205 mg Cholesterin; 2740 kJ (255 kcal)

Boden und Seiten der Form mit Teig auslegen, dann 20 Min. kalt stellen.

Die Sahnemischung unter ständigem Rühren zur flüssigen Schokolade geben.

~ Saftige Brownies ~

Vorbereitungszeit:
20 Min.
Backzeit:
35 Min.
Ergibt 36 Stück

180 g Mehl
30 g Kakaopulver
1 TL Backpulver
1/2 TL Natron
200 g Macadamia-Nüsse, geröstet und gehackt
125 g Butter
200 g Zartbitter-schokolade, geraspelt
250 g Zucker
2 Eier, verquirlt
90 ml saure Sahne

Für die Schokoladen-glasur:
150 g Zartbitter-schokolade, gehackt
125 ml saure Sahne

1~Den Backofen auf 180 °C vorheizen. Boden und Seiten einer quadratischen Backform (23 cm x 23 cm) mit Backpapier auslegen.

2~Mehl, Kakaopulver, Backpulver und Natron in eine große Schüssel sieben. 2/3 der Nüsse zugeben und in die Mitte eine Vertiefung drücken.

3~Butter und Schokolade in eine hitzebeständige Schüssel geben. Einen Topf zur Hälfte mit Wasser füllen, aufkochen und vom Herd nehmen. Die Schüssel so in den Topf hängen, daß sie den Topfboden nicht berührt. Schokolade und Butter langsam unter Rühren schmelzen. Die Schüssel vom Topf nehmen. Zucker, Eier und saure Sahne zugeben und mit einem Schneebesen gründlich aufschlagen. Die Masse in die Vertiefung der Mehlmischung geben und alles mit einem Holzlöffel mischen. In die Form geben und 30–35 Min. backen. Ein Holzstäbchen einstechen. Haftet beim Herausziehen kein Teig mehr daran, ist das Gebäck gar. In der Form abkühlen lassen.

4~Für die Glasur die Schokolade in eine hitzebeständige Schüssel geben. Einen Topf zur Hälfte mit Wasser füllen, aufkochen und vom Herd nehmen. Die Schüssel so in den Topf hängen, daß sie den Topfboden nicht berührt. Die Schokolade langsam unter Rühren schmelzen. Die Schüssel vom Topf nehmen und 2 Min. abkühlen lassen. Die saure Sahne zufügen und die Mischung mit einem Schneebesen aufschlagen. Auf dem Teig verstreichen und mit den restlichen Nüssen bestreuen. Nach dem Aushärten der Glasur den Boden in gleich große Quadrate schneiden (knapp 4 cm x 4 cm).

1 Stück enthält:
2 g Eiweiß; 15 g Fett; 17 g Kohlenhydrate; 1 g Ballaststoffe; 25 mg Cholesterin; 795 kJ (190 kcal)

Hinweis~Die Brownies halten sich in einem luftdichten Behälter zwei Tage oder einen Monat im Tiefkühlfach.

Variation~Statt der Macadamias können Sie auch Pekannüsse oder Walnüsse verwenden. Brownies eignen sich auch als Dessert, wenn Sie sie warm servieren. In diesem Fall streuen Sie etwas Puderzucker darüber und reichen Schlagsahne oder eine Kugel Vanilleeis dazu.

Die Schokoladenmischung zu den Trockenzutaten gießen und alles gut mischen.

Die flüssige Schokolade mit der sauren Sahne zu einer dicken Creme aufschlagen.

~ Englischer Pudding ~ im eigenen Saft

Vorbereitungszeit:
25 Min.
Backzeit:
40 Min.
Ergibt 6 Portionen

125 g Mehl
1 TL Backpulver
40 g Kakaopulver
300 g Zucker
125 ml Milch
1 Ei
60 g Butter, zerlassen
1 TL Vanilleessenz
Puderzucker, zum Bestäuben

Für die Orangensahne:
300 ml Sahne
1 TL geriebene Orangenschale
1 EL Puderzucker
1 EL Orangenlikör (z. B. Grand Marnier)

1~Den Backofen auf 180 °C vorheizen. Eine feuerfeste Form (2 Liter Volumen) fetten. Mehl, Backpulver und 3 EL Kakaopulver sieben. 125 g Zucker untermischen und in die Mitte eine Vertiefung drücken.
2~Milch, Ei, Butter und Vanilleessenz mischen, in die Vertiefung gießen und leicht einarbeiten. Die Masse in die Form gießen. Den restlichen Kakao und Zucker in 600 ml kochendem Wasser auflösen. Vorsichtig über die Rückseite eines Eßlöffels auf den Puddingteig gießen.
3~Den Pudding 40 Min. backen. Die Garprobe mit einem Holzstäbchen durchführen: Haftet beim Herausziehen kein Teig daran, ist der Pudding gar.
4~Für die Orangensahne alle Zutaten in eine Schüssel geben und mit dem Handmixer halbsteif schlagen.
5~Den fertigen Pudding mit Puderzucker bestäuben. Sofort mit der Orangensahne servieren.

1 Portion enthält:
6 g Eiweiß; 30 g Fett; 8 g Kohlenhydrate; 1 g Ballaststoffe; 125 mg Cholesterin; 2550 kJ (610 kcal)

Hinweis~Der Pudding muß sofort heiß serviert werden, sonst saugt er die Schokoladenflüssigkeit auf.

Milch, Ei, Butter und Vanilleessenz unter die Trockenzutaten rühren.

Die Kakaomischung vorsichtig über einen Löffelrücken auf den Pudding gießen.

~ Schokoladen-Verzierungen ~

Für Dekorationen eignet sich Fettglasur am besten. Wegen ihres Pflanzenfett-Anteils wird sie recht fest, und sie bleibt auch an warmen Sommertagen gut in Form.

Kästchen

Ergibt 4 Stück

Ein Backblech mit Klarsichtfolie faltenfrei abdecken. 200 g Schokolade schmelzen, 3 mm dick auf der Folie ausstreichen und anziehen lassen. Dann in gleichmäßige Quadrate schneiden. Die restliche Schokolade erneut schmelzen, die Kanten der Quadrate damit bestreichen und zu Kästchen zusammensetzen. Mit Früchten, Pudding oder Mousse füllen.

Gestreifte Erdbeeren

250 g Erdbeeren mit dem Backpinsel säubern – nicht waschen! 150 g Zartbitterkuvertüre in einer kleinen Schüssel schmelzen, die Erdbeeren zur Hälfte eintauchen. Abtropfen lassen und zum Aushärten auf Backpapier ablegen. Danach die Spitzen der Früchte in 100 g geschmolzene weiße Kuvertüre tauchen. Wenn die Kuvertüre zu dickflüssig sein sollte, können Sie etwas geschmolzenes Pflanzenfett unterrühren.

Von links nach rechts: Kästchen, Gestreifte Erdbeeren, Tortenrand, Locken, Blätter, Schollen

Tortenrand

Für einen Kuchen mit 20 cm Ø 100 g zartbittere Fettglasur schmelzen. Einen Streifen Backpapier in der Höhe des Kuchens und 5 cm länger als dessen Umfang zuschneiden. Die Fettglasur auf dem Papier verstreichen und vor dem Aushärten um den Kuchen legen. Nach dem Aushärten das Papier abziehen. Die Papierkanten können in Wellen oder Zacken geschnitten werden. Für ein Punktemuster zuerst Tupfen aus weißer Schokolade auf das Papier setzen und aushärten lassen. Dann eine Schicht dunkler Schokolade darüberstreichen und wie oben weiter verarbeiten.

Locken

100 g geschmolzene Zartbitterschokolade dünn auf einer Marmorplatte verstreichen und fast fest werden lassen. Ein langes Messer im 45°-Winkel halten und mit leichtem Druck über die Schokolade ziehen. Dabei werden Röllchen von der Schokolade abgeschabt.

Blätter

Ergibt etwa 10 Stück

Suchen Sie 10 feste, saubere, makellose Blätter mit klaren Konturen. Efeu- und Rosenblätter eignen sich gut. 100 g Schokolade schmelzen und mit einem kleinen, sauberen Pinsel dünn auf die Unterseite der Blätter auftragen. Aushärten lassen und wiederholen. Nach dem Aushärten der letzten Schicht die Blätter abziehen.

Schollen

Ein Backblech faltenfrei mit Klarsichtfolie auslegen. 100 g geschmolzene Zartbitterschokolade dünn darauf verstreichen und aushärten lassen. Dann in unregelmäßige Stücke brechen und als Dekoration für Desserts oder die Seiten von Torten verwenden. Solange die Schokolade noch weich ist, können Sie z. B. Nüsse oder Krokant einstreuen. Nach dem Aushärten kann man kleine Blattgoldschnipsel auflegen.

~ Heißes Schokoladen-Soufflé ~

Vorbereitungszeit:
30 Min.
Backzeit:
15 Min.
Ergibt 6 Soufflés

zerlassene Butter, zum Einfetten
175 g Zartbitterschokolade, gehackt
60 ml Cointreau
5 Eidotter, verquirlt
60 g Zucker
7 Eiweiß
Puderzucker, zum Bestäuben

1~Den Backofen auf 200 °C vorheizen. 6 Ramequinförmchen (250 ml Inhalt) mit zerlassener Butter einfetten. Eine doppelte Schicht Backpapier um die Förmchen legen und mit Bindfäden fixieren. Das Papier soll 3 cm über die Förmchen hinausragen. Förmchen in die Fettpfanne stellen.

2~Die Schokolade in eine hitzebeständige Schüssel geben und im Wasserbad unter Rühren schmelzen. Dabei darf die Schüssel nicht den Topfboden berühren. Die Schüssel vom Topf nehmen, den Cointreau mit dem Schneebesen gründlich unterrühren. Dann die Eidotter und den Zucker unterschlagen und die Masse – falls erforderlich – in eine größere Schüssel umfüllen.

3~Das Eiweiß in einer großen Schüssel mit dem elektrischen Handmixer zu steifem Schnee schlagen. Ein Drittel des Eischnees unter die Schokoladenmischung rühren. Mit einem Metallöffel den restlichen Eischnee locker unterheben.

4~Die Mischung in die Ramequinförmchen füllen und mit dem Daumen an der Innenkante der Förmchen entlangfahren, damit die Soufflés gleichmäßig aufgehen. 12–15 Min. backen, bis der Teig hoch aufgegangen ist. Den Ofen darf man zwischendurch nicht öffnen, sonst fallen die Soufflés leicht zusammen. Den Bindfaden durchtrennen und die Papiermanschetten abnehmen. Mit Puderzucker bestäuben und sofort servieren.

1 Soufflé enthält:
8 g Eiweiß; 10 g Fett; 35 g Kohlenhydrate; 0 g Ballaststoffe; 150 mg Cholesterin; 1230 kJ (295 kcal)

Variation~Schneiden Sie vor dem Servieren ein Loch in die heißen Soufflés und füllen Sie einen Klecks süßer Schlagsahne hinein.

Eine doppelte Lage Backpapier um die Förmchen legen und fixieren.

Den Eischnee vorsichtig unter die Schokoladenmischung heben.

Teufelstorte

Vorbereitungszeit:
30 Min.
Backzeit:
35 Min.
Ergibt 8 Stücke

350 g feiner brauner Zucker
40 g Kakaopulver
250 ml Milch
90 g Zartbitter-schokolade, gehackt
125 g Butter
1 TL Vanilleessenz
2 Eier, getrennt
200 g Mehl
1 TL Natron

Für die Schokoladenglasur:
50 g Zartbitter-schokolade, gehackt
30 g Butter
1 EL Puderzucker

Für die Füllung:
250 ml Sahne
1 EL Puderzucker
1 TL Vanilleessenz

1 Den Ofen auf 160 °C vorheizen. 2 runde Backformen (20 cm Ø) leicht fetten und mit Backpapier auslegen. Ein Drittel des braunen Zuckers mit dem Kakaopulver und der Milch in einem kleinen Topf mischen und bei milder Hitze unter Rühren erwärmen, bis der Zucker gelöst ist. Vom Herd nehmen, die Schokolade zufügen und unter Rühren auflösen. Abkühlen lassen.

2 Den restlichen braunen Zucker, Butter und Vanilleessenz in einer kleinen Schüssel mit dem elektrischen Handmixer schaumig rühren. Die Eidotter und die abgekühlte Schokoladenmischung unterrühren. Die Mischung in eine größere Schüssel umfüllen, dann das gesiebte Mehl und Natron einrühren.

3 Das Eiweiß in einer kleinen Schüssel halbsteif schlagen und unter die Schokoladenmischung heben. Den fertigen Teig gleichmäßig auf die beiden Formen verteilen. 35 Min. backen, dann mit einem Holzstäbchen die Garprobe durchführen: Haftet beim Herausziehen kein Teig daran, ist der Kuchen gar.

4 Für die Glasur Schokolade und Butter in eine hitzebeständige Schüssel geben und im Wasserbad unter Rühren schmelzen. Die Schüssel mit der Schokolade so über den Topf hängen, daß die Schüssel den Topfboden nicht berührt. Vorsichtig den Puderzucker zugeben und glattrühren.

5 Für die Füllung die Sahne mit Puderzucker und Vanilleessenz in einer kleinen Schüssel mit dem elektrischen Handmixer steif schlagen.

6 Die Füllung auf einem der abgekühlten Böden verteilen. Den zweiten Boden daraufsetzen und mit der Glasur bestreichen. Mit Schokoladenlocken (S. 55) verzieren.

1 Stück enthält:
8 g Eiweiß; 35 g Fett; 80 g Kohlenhydrate; 1 g Ballaststoffe; 130 mg Cholesterin; 2645 kJ (630 kcal)

Hinweis Die Teufelstorte besteht aus schwerem Teig mit reichlich Schokolade, Butter, Eiern und Schlagsahne. Sein Gegenstück ist die Engelstorte, die ganz ohne Fett auskommt.

Die Formen leicht einfetten und die Böden mit Backpapier auslegen.

Die Böden sind gar, wenn an einem Holzstäbchen kein Teig mehr haften bleibt.

Geeistes Schokoladenparfait

Vorbereitungszeit:
40 Min.
+ Gefrierzeit über Nacht
Kochzeit:
20 Min.
Ergibt 8 Portionen

6 Eidotter
125 g Zucker
150 g Zartbitterschokolade, fein geraspelt
150 g Vollmilchschokolade, fein geraspelt
250 g Milch
1 Vanilleschote, längs aufgeschnitten
350 ml Sahne

1 Eine Kastenform (14 cm x 21 cm) leicht fetten und mit Klarsicht- oder Gefrierfolie so auslegen, daß sie an den Rändern überhängt. (Dann läßt sich das Parfait später leichter herausnehmen.)

2 Die Eidotter in eine Schüssel geben und portionsweise den Zucker unterschlagen. Weiter schlagen, bis die Masse cremig ist. Verwenden Sie keinen elektrischen Handmixer, sonst wird zu viel Luft unter die Masse gerührt. Die geraspelte Schokolade – nach Sorten getrennt – in zwei Schüsseln geben.

3 Die Milch in einen kleinen Topf geben. Das ausgekratzte Vanillemark und die leere Vanilleschote hineingeben. Langsam aufkochen, dann vom Herd nehmen und die Vanilleschote herausnehmen. Die heiße Milch unter ständigem Rühren zu den Eidottern gießen. Die Mischung in einen sauberen Topf füllen und bei milder Hitze unter Rühren erwärmen, bis sie zu Pudding eindickt und an einem Holzlöffel haftet. Das dauert etwa 20 Min. Nicht zu stark erhitzen, sonst flocken die Eier aus.

4 Den heißen Pudding gleichmäßig auf die beiden Schüsseln mit der Schokolade verteilen. Mit einem Holzlöffel kräftig rühren, bis die Schokolade gelöst ist. Vollständig abkühlen lassen. Mit einem elektrischen Handmixer die Sahne steif schlagen und je eine Hälfte behutsam unter die Schokoladencremes heben.

5 Die dunklere Schokoladencreme in die Form gießen und für mindestens 30 Min. ins Tiefkühlfach stellen, bis die Masse fest wird. Dann die hellere Creme vorsichtig daraufgießen und mit der Rückseite eines Löffels glattstreichen. Über Nacht ins Tiefkühlfach stellen.

6 Unmittelbar vor dem Servieren das Parfait mitsamt der Folie aus der Form nehmen, die Folie abziehen, das Parfait in Scheiben schneiden und sofort servieren. Reste wieder ins Tiefkühlfach stellen. Frische Beeren und Sahne schmecken ausgezeichnet dazu.

1 Portion enthält:
5 g Eiweiß; 30 g Fett; 30 g Kohlenhydrate; 0 g Ballaststoffe; 200 mg Cholesterin; 1685 kJ (400 kcal)

Hinweis Wenn das Parfait sich nicht problemlos aus der Form lösen läßt, lassen Sie einfach etwas warmes Wasser über die umgestülpte Form laufen, bis die äußerste Schicht angetaut ist.

Den heißen Pudding auf die beiden Schüsseln mit Schokolade verteilen.

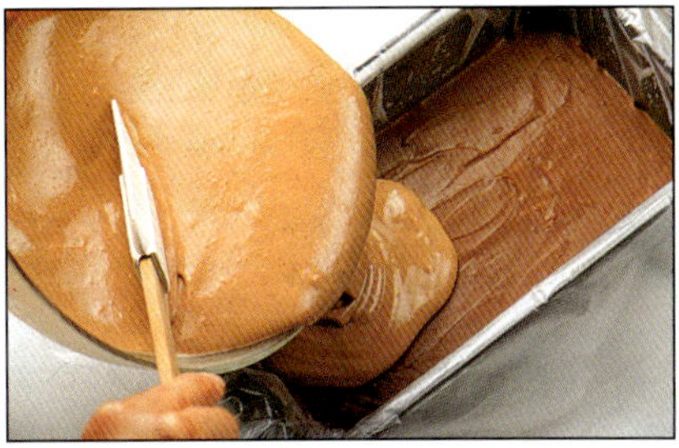

Die hellere Schokoladencreme über die angefrorene dunkle Creme gießen.

~ Fondue Schwarz-Weiß ~

Vorbereitungszeit:
30 Min.
Kochzeit:
20 Min.
Ergibt 8 Portionen

Marshmallows und Obststücke, zum Eintauchen

Für das dunkle Schoko-Fondue:
250 g Zartbitterschokolade, gehackt
125 ml stichfeste Sahne (Crème double)
2–3 TL Cointreau

Für das weiße Schoko-Fondue:
170 ml stichfeste Sahne (Crème double)
125 ml heller Sirup
60 ml Cointreau
250 g weiße Schokoladentröpfchen

1 ~ Für das dunkle Fondue Zartbitterschokolade und Sahne in eine hitzebeständige Schüssel geben und im Wasserbad unter Rühren schmelzen, dann den Cointreau untermischen.

2 ~ Für das weiße Fondue Sahne und Sirup in einem kleinen Topf mischen und aufkochen. Vom Herd nehmen, den Cointreau und die weißen Schokoladentröpfchen zufügen und rühren, bis die Schokolade geschmolzen ist. Mit Marshmallows und Früchten servieren.

1 Portion enthält:
5 g Eiweiß; 35 g Fett; 60 g Kohlenhydrate; 1 g Ballaststoffe; 60 mg Cholesterin; 2335 kJ (560 kcal)

Die dunkle Schokolade mit der Sahne im Wasserbad schmelzen.

Die Schokoladenmischung vom Herd nehmen und den Cointreau einrühren.

Sahne und hellen Sirup in einem kleinen Topf verrühren.

Den Topf vom Herd nehmen, Cointreau und weiße Schokolade zugeben.

Register

Umschlag (v.o.n.u.): Mokka-Töpfchen, Schoko-Brocken und Saftige Brownies, Schoko-Käsekuchen.